Lena-Christin Grzelachowski

Methodensammlung zur Arbeit mit Hörtexten

Hörverständnis trainieren im kompetenzorientierten Deutschunterricht der Klassen 5–10

Gedruckt auf umweltbewusst gefertigtem, chlorfrei gebleichtem und alterungsbeständigem Papier.

1. Auflage 2019

Covergestaltung und -illustration: Kirstin Lenhart, München
Illustrationen: Trantow Atelier
Satz: tebitron gmbh, Gerlingen
Druck und Bindung: Stückle Druck und Verlag
ISBN 978-3-403-**08194**-4
www.auer-verlag.de

Vorwort 4

1. Methoden für alle Klassen im Plenum 5
1.1 Erzählkette 5
1.2 Meinungsbild (Positionslinie) 6
1.3 Fishbowl 7
1.4 Kugellager 8
1.5 Spiegelwort 9
1.6 Talkshow 10
1.7 Hör-Quiz 11
1.8 Wer bin ich? 12

2. Methoden für alle Klassen in Einzel-, Partner- und Gruppenarbeit 13
2.1 Lapbook 13
2.2 Nacherzählung verfassen 14
2.3 Inhaltsangabe schreiben 15
2.4 Tagebucheintrag verfassen 16
2.5 E-Mail schreiben 17
2.6 Phasenweise Texterschließung 18
2.7 CD-Hänger 19
2.8 Blitzlicht 20
2.9 Hörexperten 21
2.10 Szene malen 22
2.11 Szene nachspielen 23
2.12 Szene weiterschreiben 24
2.13 Mindmap 25
2.14 Lückentext 26
2.15 Sprechblasen 27
2.16 Hörtext-Bild-Zuordnung 28
2.17 Teilüberschriften finden 29
2.18 Fragenkatalog 30
2.19 Hör-Hör-Vergleich 31
2.20 Reizwort 32
2.21 Was wäre, wenn? 33
2.22 Ich bin dabei 34
2.23 Streich weg! 35
2.24 Unterstreiche mit Musik! 36

3. Methoden für die Klassen 5–7 in Einzel-, Partner- und Gruppenarbeit 37
3.1 Personenbeschreibung 37
3.2 Gitternetz 38
3.3 Partner-Interview 39
3.4 Brainstorming 40
3.5 Comic entwerfen 41
3.6 Wusstest du eigentlich …? 42
3.7 Fehlerteufel 43
3.8 Zähl mit! 44
3.9 Finde die Pärchen! 45
3.10 Malermeister 46
3.11 Bingo® 47
3.12 Ich hörte etwas, und es ist …? . . . 48

4. Methoden für die Klassen 8–10 in Einzel-, Partner- und Gruppenarbeit 49
4.1 Charakterisierung 49
4.2 Interpretation verfassen 50
4.3 Analyse 51
4.4 Erörterung verfassen 52
4.5 WhatsApp®-Nachricht schreiben 53
4.6 W-Fragen 54
4.7 Fragerunde 55
4.8 Bildergeschichte entwerfen 56
4.9 Standbild bauen 57
4.10 Lückensatz 58
4.11 Abschnitt-Bild-Zuordnung 59
4.12 Der unsichtbare Beobachter 60
4.13 Die neue Figur 61
4.14 Ich hörte etwas, was du nicht hörtest 62
4.15 Ich höre für dich 63
4.16 Fehlermeister 64

Liebe Kolleginnen und Kollegen,

genaues Zuhören will gelernt sein und muss gelernt werden. Daher muss diese Fähigkeit immer wieder geübt werden. Wie oft fragen sich beispielsweise Schüler[1] nach einem formulierten Arbeitsauftrag des Lehrers, was nun gemacht werden soll. Oder nur ein Teil der Lerngruppe hat nach dem ersten gemeinsamen Lesen alles verstanden – doch was ist mit den Schülern, die mehr Zeit für das Lesen brauchen? Im Fremdsprachenunterricht wird schon lange mit verschiedenen Hörtexten gearbeitet, aber warum eigentlich im Deutschunterricht nicht? Man liest zwar gemeinsam Texte und Bücher und lässt die Schüler vielfältige Aufgabenformate bearbeiten, aber warum hört man sich nicht gemeinsam einen Hörtext an?
Viele leistungsschwache Leser würden davon profitieren, denn oftmals ist das laute Vorlesen in der Klasse mit großer Angst verbunden. Außerdem gehen den Kindern möglicherweise viele Informationen des Textes verloren, wenn sie nicht gerne und nur ungenau lesen. Sie wollen schnell fertig werden und „überfliegen" die Aufgabenstellung daher nur.
Doch mithilfe eines Hörtextes erhalten alle die Informationen zur selben Zeit und mit Hörbüchern kann man so im besten Fall wieder einen Zugang zur Literatur und zum Lesen schaffen. Allerdings ist das Wichtigste daran immer noch, dass alle genau zuhören müssen – doch auch das will gelernt sein und muss geübt werden.
In diesem Band gibt es daher viele verschiedene Anregungen, wie man mit Hörbüchern im Unterricht arbeiten kann. Auf jeder Seite wird je eine Methode mit einer genauen Beschreibung des Vorgehens präsentiert. Außerdem sieht man bereits auf den ersten Blick, welches Ziel und welche Kompetenz angesprochen werden. Die Zeit für die einzelnen Methoden ist nur ein ungefährer Anhaltspunkt und kann, je nach Leistungsstand der Klasse, variieren. Für jede Methode ist angegeben, welche Arbeitsformen sich besonders gut eignen, dabei wurden folgende Abkürzungen verwendet: EA für Einzelarbeit, PA für Partnerarbeit, GA für Gruppenarbeit.

Da sich dieser Band nicht auf ein bestimmtes Hörbuch bezieht, kann jeder Lehrer mit ihm arbeiten, ganz egal, welches Hörbuch oder welcher Hörtext bearbeitet werden soll. Aufgrund der jahrgangsspezifischen Unterschiede ist das Inhaltsverzeichnis aufgeteilt in:
1. Methoden für alle Klassen im Plenum
2. Methoden für alle Klassen in Einzel-, Partner- und Gruppenarbeit
3. Methoden für die Klassen 5–7 in Einzel-, Partner- und Gruppenarbeit
4. Methoden für die Klassen 8–10 in Einzel-, Partner- und Gruppenarbeit

Nun wünsche ich beim Ausprobieren der unterschiedlichen Methoden viel Freude und Erfolg – sowie den Hörtexten im Deutschunterricht eine Chance!

Ihre Lena-Christin Grzelachowski

[1] Aufgrund der besseren Lesbarkeit ist in diesem Buch mit Schüler auch immer Schülerin gemeint, ebenso verhält es sich mit Lehrer und Lehrerin etc.

1.1 Erzählkette

Ziel: Die Schüler fassen einen gehörten Text in eigenen Worten zusammen. Dabei reproduzieren sie den Hörtext und müssen sich auf das vorher Gesagte konzentrieren.

Kompetenz: Die Schüler sprechen vor sowie mit anderen und hören zu.

Zeit: 10–20 Minuten

Arbeitsform: Plenum

Beschreibung:
Diese Methode kann zunächst in Kleingruppen geübt und später im Plenum eingesetzt werden. Die Schüler sollen den Inhalt eines Hörtextes in jeweils nur einem Satz zusammenfassen. Schüler A beginnt mit dem, was als Erstes gehört wurde, Schüler B formuliert den nächsten Satz. So geht es der Reihe nach weiter. Wichtig hierbei ist es, dass jeder Schüler immer nur einen Satz formuliert. Daher muss der Schüler, der an der Reihe ist, genau auf das vorher Gesagte achten und zuhören, damit er keine Inhalte doppelt benennt. Der Lehrer sollte nicht ständig eingreifen.
Nach Beendigung der Erzählkette kann der Lehrer drei Schüler nach Auffälligkeiten befragen. Danach kann er die Klasse darüber informieren, was ihm aufgefallen ist und was er als gut beziehungsweise als weniger gut und somit verbesserungswürdig erachtet.
Die Schüler wiederholen so sprachlich, was sie gehört haben, und können sich sofort darüber austauschen, welche Informationen möglicherweise gefehlt haben beziehungsweise unnötig waren.

1.2 Meinungsbild (Positionslinie)

Ziel: Die Schüler überprüfen ihr Wissen. Sie finden außerdem heraus, welche Meinung sie vertreten, und nehmen persönlich Stellung.

Kompetenz: Die Schüler sprechen vor, zu sowie mit anderen und hören zu.

Zeit: 5–10 Minuten

Arbeitsform: Plenum

Beschreibung:
Der Klassenraum wird imaginär getrennt, entweder durch zwei Stühle oder durch das Anbringen einer „Meinungslinie" auf dem Boden. Dabei kann der Lehrer entscheiden, ob er an den jeweiligen Enden Schilder mit der Aufschrift „Stimmt" und „Stimmt nicht" positioniert oder eine Abgrenzung mit den Ziffern 1–10 vorgibt.
Der Lehrer hat, basierend auf dem Hörtext, verschiedene Aussagen und Behauptungen notiert, die er der Lerngruppe nacheinander vorträgt. Nach jeder Lehreräußerung sollen sich die Schüler entsprechend ihrer Meinung entlang der „Meinungslinie" aufstellen.
Die Lernenden können sich zu ihrer jeweiligen Meinung entweder direkt äußern oder die Lerngruppe nimmt später zu den Aussagen Stellung.

Tipp:
Falls der Lehrer die inhaltliche Seite beleuchten möchte, kann das Wissen über den Hörtext auch durch zwei Schilder („Richtig" und „Falsch") überprüft werden.

Ziel: Die Schüler tauschen sich über die eigene Meinung aus.

Kompetenz: Die Schüler sprechen vor, mit sowie zu anderen und hören zu.

Zeit: 10–20 Minuten

Arbeitsform: Plenum

Beschreibung:
Im Klassenraum werden ein Innen- und ein Außenkreis mit Stühlen aufgebaut. Die Schüler, die im Innenkreis sitzen und sich dabei anschauen, diskutieren beispielsweise über die Personen oder eine provokante Aussage des Lehrers, beides passend zum Hörtext. Der restliche Teil der Lerngruppe hört zu.

Es gibt nun zwei Varianten für die Schüler im Außenkreis, sich ebenfalls in das Gespräch mit einzubringen:
1. Möglichkeit: Im Innenkreis steht ein zusätzlicher freier Stuhl, auf dem abwechselnd Schüler des Außenkreises Platz nehmen können, um ihre Ansichten zu äußern oder direkt auf das Gesagte eines anderen Schülers zu reagieren.

2. Möglichkeit: Schüler aus dem Außenkreis „klatschen" Schüler des Innenkreises ab. Diese dürfen ihren Satz noch zu Ende formulieren, müssen danach aber mit dem anderen Schüler den Platz tauschen.

Ziel: Die Schüler tauschen sich über die eigene Meinung/Position aus.

Kompetenz: Die Schüler sprechen vor, mit sowie zu anderen und hören zu.

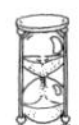

Zeit: 10–20 Minuten

Arbeitsform: Plenum

Beschreibung:
Im Klassenraum werden ein Innen- und ein Außenkreis so aufgebaut, dass sich hierbei immer zwei Stühle gegenüberstehen und sich somit immer zwei Schüler gegenübersitzen. Der Lehrer gibt vor, welche Schüler sprechen und welcher Kreis zuhören muss. Nach wenigen Minuten wird getauscht und die Lernenden aus dem Innenkreis rutschen einen Platz weiter.
Durch das ständige Wechseln des Platzes finden sich immer wieder andere Paare und ein intensiver Austausch zweier Schüler, die gegebenenfalls nicht freiwillig miteinander gearbeitet hätten, wird ermöglicht.

Tipp:
Je nach Lerngruppe ist es möglich, dass beide Kreise miteinander diskutieren. Es kann aber auch durch den Lehrer vorgegeben werden, dass beispielsweise nur die Lernenden aus dem Innenkreis sprechen und die Schüler des Außenkreises maximal nachfragen dürfen.

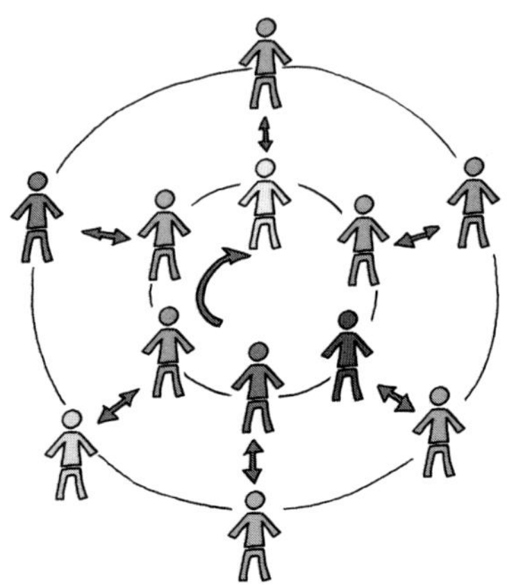

Ziel: Die Schüler lesen Wörter, die in Spiegelschrift stehen, richtig.

Kompetenz: Die Schüler sprechen vor sowie mit anderen und lesen.

Zeit: 5–10 Minuten

Arbeitsform: Plenum

Beschreibung:
Für diese Methode muss der Hörtext den Lernenden nicht bekannt sein, denn die Methode ermöglicht es dem Lehrer, den Schülern wichtige Schlüsselwörter spielerisch zukommen zu lassen. Dazu wird die Lerngruppe in zwei Gruppen geteilt. Der Lehrer legt nun eine Folie auf den Overheadprojektor oder öffnet eine Präsentation auf dem Smartboard. Die Schüler sehen Wörter, die in Spiegelschrift geschrieben wurden. Derjenige, der meint, das Wort richtig erkannt zu haben, ruft es laut in die Klasse. Für eine richtige Antwort gibt es einen Punkt. So spielen die zwei Gruppen weiter gegeneinander.
Nach diesem Spiel sollen die Schüler Vermutungen dazu äußern, worum es in dem Hörtext gehen könnte.

Tipps:
- Internetsuchmaschinen helfen bei der Verwendung der Spiegelschrift.
- Es ist sinnvoll, dass immer nur ein Wort präsentiert wird. So können die Schüler sich nur auf dieses konzentrieren und Absprachen darüber, wer welches Wort zu entschlüsseln versucht, werden verhindert.
- Je nach Lerngruppe können auch ganze Sätze in Spiegelschrift präsentiert werden.
- Diese Methode eignet sich auch dann, wenn die Lernenden den Hörtext kennen und mit den einzelnen Spiegelschrift-Wörtern den Inhalt des Textes noch einmal kurz zusammenfassen sollen.

Ziel: Die Schüler tauschen sich über die eigene Meinung aus und diskutieren.

Kompetenz: Die Schüler sprechen vor, mit sowie zu anderen und hören zu.

Zeit: 15 Minuten

Arbeitsform: Plenum

Beschreibung:
Nach dem Hören des Hörtextes werden Talkshowgäste nach vorne auf Stühle gebeten, sodass ein Halbkreis entsteht. Die Schüler schlüpfen in die Rollen aus dem Hörtext. Ein weiterer Schüler ist der Talkmaster, der Fragen stellt und die Diskussion leitet. Die restlichen Lernenden sind Zuschauer, die sich die Talkshow anschauen und Fragen stellen dürfen, wenn der Talkmaster sie aufruft.

Tipps:
- Je nach Lerngruppe ist es sinnvoll, dass sich die Schüler vorher in Kleingruppen entweder über die Figuren austauschen oder bereits Fragen an diese erarbeiten, die dem Talkmaster später zur Verfügung gestellt werden. Wichtig ist auch, dass vorher über die Regeln und das Verhalten in einer Talkshow gesprochen wird.
- Eine andere Möglichkeit ist es, dass die Talkshowgäste Stellung zu den Figuren des Hörtextes nehmen. So findet eine andere Form des Meinungsaustausches statt und keiner „muss" eine Rolle übernehmen.

1.7 Hör-Quiz

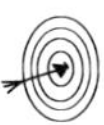

Ziel: Der Inhalt des Hörtextes wird überprüft.

Kompetenz: Die Schüler hören verstehend zu und sprechen dabei mit anderen.

Zeit: 15 Minuten

Arbeitsform: Plenum

Beschreibung:
Der Lehrer muss für diese Methode den kompletten Hörtext kennen und sich im Vorfeld Fragen und passende Antworten dazu notieren.
Nachdem die Lerngruppe den Hörtext ebenfalls gehört hat, teilt der Lehrer die Klasse in zwei Mannschaften ein, die abwechselnd die Fragen beantworten sollen. Für jede richtige Antwort gibt es einen Punkt, für eine falsche Antwort gibt es entweder keinen Punkt oder einen Minuspunkt. Möglich ist auch, dass die gegnerische Mannschaft antworten darf, wenn die Mannschaft, die an der Reihe ist, eine falsche Antwort gegeben hat.

Tipp:
Um das Quiz etwas spannender zu gestalten, werden die Fragen laut vorgelesen, und die Gruppe, die zuerst „Stopp!“ ruft, darf die Antwort nennen.

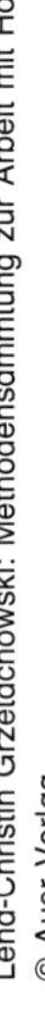

Ziel: Die ratenden Schüler filtern Informationen, um so herauszufinden, welche Figur sie repräsentieren. Die Schüler, die Antworten geben müssen, fassen die wichtigsten Informationen der einzelnen Figuren zusammen und müssen überlegen, ob die gestellte Frage mit „Ja“ oder „Nein“ beantwortet werden muss.

Kompetenz: Die Schüler sprechen vor sowie mit anderen und hören zu.

Zeit: 15–20 Minuten

Arbeitsform: Plenum

Beschreibung:
Die Schüler kennen den Hörtext und seine Figuren. Zu Beginn verlassen drei bis fünf Freiwillige den Klassenraum (je nach Lerngruppe und Anzahl an möglichen Figuren aus dem Hörtext), der Rest bespricht, welchem draußen wartenden Schüler welche Figur aus dem Hörtext zugeordnet wird. Dann werden die Schüler wieder in den Klassenraum gerufen und diese nehmen auf Stühlen vor der restlichen Klasse Platz, am besten vor der Tafel oder dem Whiteboard. Der Name der Figur wurde auf einem Stück Kreppband notiert, welches auf die Stirn des jeweiligen Schülers geklebt wird, wenn dieser dem zustimmt. Sollte der Schüler damit nicht einverstanden sein, können alle Namen an die Tafel oder das Whiteboard geschrieben werden, und die Schüler setzen sich davor. Wichtig ist, dass keiner der Schüler den Namen seiner Figur sieht. Die restliche Klasse muss ihn allerdings sehen, damit sie die gestellten Fragen mit „Ja“ oder „Nein“ beantworten kann. Nun stellt der erste Schüler eine Frage. Lautet die Antwort auf die Frage „Ja“, so darf er so lang weiterfragen, bis die Antwort „Nein“ lautet. Danach ist der nächste Lernende an der Reihe. Ziel ist es, dass jeder Schüler „seinen“ Namen herausfindet.

Tipp:
Je nach Lerngruppe sollte das Formulieren von Fragen zu einzelnen Figuren aus dem Hörtext geübt werden. Dabei müssen nicht zwingend die Figuren aus dem Hörtext verwendet werden. Es eignen sich hierfür beispielsweise die Namen von Prominenten.

Ziel: Die Schüler gestalten ein Lapbook zum Hörtext und arbeiten kooperativ zusammen.

Kompetenz: Die Schüler schreiben und gestalten ein Lapbook.

Zeit: 60 Minuten

Arbeitsform: GA

Beschreibung:
Die Schüler gestalten in Gruppenarbeit ein gemeinsames Lapbook zum Hörtext. Wichtig ist hierbei, dass der Lehrer zunächst darüber informiert, was ein Lapbook ist und wie es aussehen kann. Nach der Bearbeitung stellen die Gruppen ihre individuellen Lapbooks vor und erklären ihre Arbeitsweise. Die restlichen Lernenden geben im Anschluss eine kriterienorientierte Rückmeldung.

Tipps:
- Man findet viele verschiedene Lapbooks im Internet, die man den Schülern als Muster, beispielsweise über das Smartboard, zeigen kann.
- Für einige Schüler ist es sehr hilfreich, wenn der Lehrer einige Vorlagen für Lapbooks bereithält, die die Schüler nutzen und verändern dürfen. Auch farbiges Papier sollte zur Verfügung stehen.

2.2 Nacherzählung verfassen

Ziel: Die Schüler schreiben den Inhalt eines Hörtextes als Nacherzählung auf.

Kompetenz: Die Schüler verfassen eine Nacherzählung und beachten dabei die formalen Kriterien dieser Textsorte.

Zeit: 25–30 Minuten

Arbeitsform: EA, PA

Beschreibung:
Die Schüler sollen in Einzel- oder Partnerarbeit eine Nacherzählung des Hörtextes verfassen. Zunächst kann in Partnerarbeit das Wichtigste wiederholt und stichpunktartig aufgeschrieben werden. Danach sollte jeder Schüler in Einzelarbeit eine formal korrekte Nacherzählung verfassen.

Tipp:
Je nach Lerngruppe und Hörtext sollten als Erstes die Kriterien einer guten Nacherzählung im Plenum wiederholt werden. Außerdem ist, je nach Schwierigkeit und Länge des Hörtextes, zu überdenken, diesen zwei- bis dreimal abzuspielen, sodass sich die Lerngruppe Notizen machen kann.

Ziel: Die Schüler geben den Inhalt eines Hörtextes in eigenen Worten wieder.

Kompetenz: Die Schüler verfassen eine Inhaltsangabe und beachten dabei die formalen Kriterien dieser Textsorte.

Zeit: 10–20 Minuten

Arbeitsform: EA

Beschreibung:
Nach dem Hören eines Textes wird dieser inhaltlich in eigenen Worten wiedergegeben und aufgeschrieben. Hierfür ist es unter Umständen sinnvoll, dass der Lehrer die Kriterien einer „guten“ Inhaltsangabe zunächst mit den Schülern wiederholt.

Tipp:
Je nach Leistungsstärke der Lerngruppe kann der Text erst stichpunktartig notiert und danach als Inhaltsangabe formuliert werden.

Ziel: Die Schüler versetzen sich in eine andere Person hinein und schreiben Gedanken aus deren Sicht auf.

Kompetenz: Die Schüler verfassen einen Tagebucheintrag und beachten dabei die formalen Kriterien dieser Textsorte.

Zeit: 15–20 Minuten

Arbeitsform: EA

Beschreibung:
„Tagebuch zu schreiben ist wie fotografieren mit einem Bleistift." Dieses Zitat eines unbekannten Verfassers verdeutlicht, dass man in einem Tagebuch Gefühle sowie Gedanken, aber auch Erlebtes abbilden kann – genau wie bei einem Foto. Daher ist es wichtig, dass sich die Schüler zuerst in die (vorgeschriebene) Person des Hörtextes hineinversetzen, für die sie einen Tagebucheintrag verfassen sollen. Außerdem sollten die Schüler auf einen typischen Satzanfang, wie „Liebes Tagebuch, ..." achten.

Tipps:
- Der Lehrer kann den Schülern Hilfestellungen in Form von Fragen geben, beispielsweise: Was hat die Person genau erlebt und welche Gedanken und Gefühle hat das Erlebte hervorgerufen? Was bewertet die Person an dem Erlebten als positiv? Was hofft die Person?
- Hilfreich für eine leistungsschwächere Gruppe ist es, wenn zunächst Stichpunkte angefertigt werden, die danach als Tagebucheintrag aufgeschrieben werden.

Ziel: Die Schüler tauschen sich mit einer anderen Person über Erlebtes aus.

Kompetenz: Die Schüler verfassen eine E-Mail und beachten dabei die formalen Kriterien dieser Textsorte.

Zeit: 15–20 Minuten

Arbeitsform: EA

Beschreibung:
Nachdem der Hörtext vorgespielt wurde, sollen die Schüler eine E-Mail verfassen. Dabei sollte zuerst geklärt werden, ob die Schüler einer Person aus dem Hörtext eine E-Mail schreiben oder ob sie in der Funktion einer Figur aus dem Hörtext einer anderen Person aus dem Text eine E-Mail zukommen lassen möchten. Die erste Variante ist leichter, denn hier kann der Lernende frei entscheiden, was er der Person mitteilen möchte. Sollte der Lehrer die zweite Variante wählen, ist darauf zu achten, dass die Schüler sich in die Person, für die sie eine E-Mail verfassen, hineinversetzen und nur das mitteilen, was aus dem Text an Informationen bekannt ist.

Tipps:
- Oftmals ist es für die Lerngruppe ansprechender, wenn sie eine Vorlage mit dem typischen Aussehen einer E-Mail als Arbeitsblatt bekommen. So kann man der Kreativität, beispielsweise mit der Erfindung einer eigenen E-Mail-Adresse, freien Lauf lassen.
- Abkürzungen, Umgangssprache sowie das Benutzen von Smileys sollten bei dieser Methode erlaubt sein.

Ziel: Den Schülern wird der Inhalt des Textes schrittweise verständlich gemacht.

Kompetenz: Die Schüler sprechen vor sowie zu anderen und hören zu.

Zeit: 10–15 Minuten

Arbeitsform: EA, PA, GA

Beschreibung:
Diese Methode bietet sich für leistungsschwächere Lerngruppen an, denn ein Hörtext wird in „Häppchen serviert". Der Lehrer muss den Hörtext bereits gut kennen und wissen, an welchen Stellen er den Text stoppen muss.
Die Schüler sollen zunächst in eigenen Worten mündlich nacherzählen, was sie gehört haben, welche Personen miteinander sprechen und worum es inhaltlich geht. Dieser Austausch kann beispielsweise in Partner- oder Gruppenarbeit stattfinden. Danach kann der Lehrer entweder mit dem Hörtext fortfahren oder er hat im Vorfeld ein Arbeitsblatt mit Fragen vorbereitet, welches er nun austeilt und in Einzelarbeit bearbeiten lässt. Danach sollten die Antworten vorgelesen und bei Problemen besprochen werden.
Der Sinn dieser Methode besteht darin, dass allen Schülern der Text zugänglich gemacht wird und inhaltliche Fragen beantwortet werden. Durch das schrittweise Abspielen des Textes wird die Lerngruppe nicht überfordert und auch leistungsschwächere Schüler können etwas beitragen.

Ziel: Die Schüler verfassen selbst einen Teil eines Hörtextes.

Kompetenz: Die Schüler schreiben einen Hörtext inhaltlich passend weiter.

Zeit: 10–15 Minuten

Arbeitsform: EA

Beschreibung:
Während des Vorspielens eines Hörtextes stoppt der Lehrer die CD und spult vor. Dadurch fehlen den Schülern inhaltliche Aspekte, die sie sich selbst ausdenken und aufschreiben müssen.
Die Schwierigkeit bei dieser Aufgabe liegt darin, dass die Lernenden auf das, was vor dem CD-Hänger passiert, aber auch auf das, was danach passiert, achten und daher gute Übergänge finden müssen.
Je nach Lerngruppe entscheidet der Lehrer, wie viele „Hänger" es gibt, aber auch, wie lang diese sind. Je länger die fehlenden Textpassagen sind, umso kreativer müssen die Schüler damit umgehen.

Ziel: Die Schüler üben das genaue Zuhören.

Kompetenz: Die Schüler sprechen vor, mit sowie zu anderen und hören zu.

Zeit: 5–10 Minuten

Arbeitsform: EA, Plenum

Beschreibung:
Bei dieser Methode geht es einerseits darum, das genaue Zuhören zu schulen. Andererseits soll überprüft werden, ob die Lerngruppe den Hörtext inhaltlich verstanden hat. Daher muss der Hörtext der Lerngruppe bekannt sein.
Der Lehrer spult den Hörtext auf eine beliebige Stelle vor und lässt ihn für ca. 5 bis 8 Sekunden laufen. Die Schüler sollen aufschreiben, was kurz vorher und was kurz nachher passiert. Anschließend werden die Textstelle sowie die Lösungen der Schüler besprochen.

Tipp:
Diese Methode eignet sich auch als Spiel. Die Klasse wird in zwei Mannschaften aufgeteilt und den Mannschaften werden abwechselnd Passagen aus dem Hörtext vorgespielt. Nach jeder Antwort sollte der Hörtext kurz vor und nach dem Blitzlicht gemeinsam angehört und die Antwort überprüft werden. Die Mannschaft, die die meisten Textpassagen richtig benennen kann, gewinnt.

Ziel: Die Schüler erschließen sich den Inhalt eines Textes, ohne ihn vollständig zu kennen. Zudem üben die Schüler das genaue Zuhören.

Kompetenz: Die Schüler sprechen vor, mit sowie zu anderen und hören zu.

Zeit: 15–20 Minuten

Arbeitsform: PA

Beschreibung:
Die Schüler arbeiten in Partnerarbeit. Ein Partner hört den ersten Teil eines Hörtextes, der andere darf den Text jedoch nicht hören. Der Lehrer kann daher für diese Methode erlauben, dass die Schüler ausnahmsweise ihre Handys benutzen und darüber mit ihren Kopfhörern Musik hören dürfen.
Der erste Partner hört nun den ersten Teil des Hörtextes. Nach einer gewissen Zeit (3–5 Minuten) werden die Rollen gewechselt und der zweite Schüler hört nun den nächsten Abschnitt des Textes, während der Partner beispielsweise über sein Handy Musik hören darf. Wichtig bei dieser Methode ist, dass beiden Schülern jeweils nur ihr Teil des Hörtextes vorgespielt wird, um so Hörexperte für diesen Teil zu werden. Das Anfertigen von Stichpunkten sollte erlaubt sein. Danach müssen sich die Schüler gegenseitig den Inhalt des Textes erzählen, die eventuell angefertigten Stichpunkte dürfen hierfür verwendet werden. Auch sollten Fragen des Partners zugelassen sein, um so den kompletten Inhalt des Hörtextes zu erfassen.
Anschließend sollte allen Schülern der komplette Hörtext vorgespielt werden, um so eventuelle inhaltliche Lücken schließen zu können. Auch eine Reflexion in der Kleingruppe ist sinnvoll, indem jeder Partner dem anderen mitteilt, was dieser gut beziehungsweise noch nicht genau vermittelt hat.

Ziel: Die Schüler stellen den Inhalt eines Hörtextes kreativ dar.

Kompetenz: Die Schüler setzen einen Teil des Inhalts durch das Malen einer Szene kreativ um und sprechen vor sowie zu anderen.

Zeit: 10 Minuten

Arbeitsform: EA

Beschreibung:
Nach dem Vorspielen eines Hörtextes sollen die Lernenden ein Bild zu einer Szene malen. Der Lehrer kann vorgeben, ob diese Szene eine Lieblingsszene der Schüler sein soll, eine Szene, zu der die Lernenden Fragen haben, oder eine, die die Schüler nicht mögen. Dadurch erhält der Lehrer einerseits eine Übersicht darüber, was die Schüler beschäftigt beziehungsweise was sie nicht mögen oder verstehen. Andererseits sind die Schüler auch dadurch gefordert, begründet Stellung zu ihrem Bild zu nehmen.

Tipp:
Denkbar ist diese Methode auch als Unterrichtseinstieg, wenn die Schüler den Text bereits in der vorherigen Stunde kennengelernt haben. Die Kunstwerke können auch im Klassenraum aufgehängt werden, sodass eine Art „Museumsrundgang" stattfinden kann.

2.11 Szene nachspielen

Ziel: Die Schüler setzen sich inhaltlich mit einer Szene auseinander.

Kompetenz: Die Schüler sprechen vor, mit sowie zu anderen und hören zu.

Zeit: 15–20 Minuten

Arbeitsform: GA

Beschreibung:
Die Schüler werden in Gruppen eingeteilt und sollen eine Szene aus dem Hörtext nachspielen. Wichtig ist es hierbei, dass zunächst Kriterien festgelegt werden, auf die die Schüler achten sollen. Dies kann beispielsweise das freie Sprechen sein oder die Interaktion innerhalb der Gruppe.
Je nach Lerngruppe kann der Lehrer der Gruppe erlauben, eigene Ideen, die im Text nicht erzählt wurden, mit einzubringen. Die restlichen Schüler können entsprechend aufgefordert werden, Gemeinsamkeiten und Unterschiede zwischen der gespielten Szene und dem Hörtext zu benennen.

Tipp:
Nicht alle Schüler mögen das freie Darstellen vor der Klasse. Als Hilfestellung sollten daher auch „Spickzettel“ erlaubt sein.

2.12 Szene weiterschreiben

Ziel: Die Schüler setzen sich inhaltlich mit einer Szene auseinander und schreiben diese kreativ weiter.

Kompetenz: Die Schüler schreiben, passend zum Hörtext, die Szene weiter.

Zeit: 20–25 Minuten

Arbeitsform: EA

Beschreibung:
Der Lehrer stoppt einen Hörtext an einer bestimmten Stelle. Die Schüler sollen die Szene nun weiterschreiben. Dabei sollte vorab besprochen werden, auf welche Kriterien der Lehrer Wert legt und was ihm beim Weiterschreiben der Szene wichtig ist.

Tipps:
- Je nach Ausgangslage bietet es sich an, vorher im Plenum zu besprechen, was bereits gehört wurde, sodass man zunächst mit der gesamten Klasse eine Wiederholung über die Inhalte des Hörtextes vornehmen kann.
- Ideen für das Weiterschreiben der Szene werden im Plenum an der Tafel gesammelt. Denkbar ist auch, dass sich die Schüler in Kleingruppen erst einmal austauschen, was passieren könnte. Danach werden die Ideen mit der gesamten Klasse besprochen.

Ziel: Die Schüler führen sich den Inhalt des Textes noch einmal visuell vor Augen.

Kompetenz: Die Schüler schreiben eine Übersicht in Form einer Mindmap.

Zeit: 10–15 Minuten

Arbeitsform: PA, GA

Beschreibung:
Nach dem Hören eines Hörtextes sollen die Schüler den Inhalt in Partner- oder Gruppenarbeit grafisch in einer Mindmap zusammenfassen. Um diese Methode zu erleichtern und um eventuell einen langen, komplizierten Hörtext etwas zu kürzen, kann der Lehrer Schlagwörter vorgeben, auf die sich die Mindmap beziehen soll.
Danach sollten verschiedene Lösungen in der Klasse vorgestellt und besprochen werden, wodurch auch der Inhalt des Textes noch einmal gut wiederholt werden kann. Daher bietet es sich an, dass die Schüler beispielsweise direkt auf eine Folie für den Overheadprojektor schreiben, um ihr Ergebnis so der Klasse vorstellen zu können.

Tipp:
Bei dieser Methode ist es ebenfalls möglich, dass sich jeder Schüler zunächst selbst Gedanken macht und eine eigene Mindmap erstellt. Danach kann in Partner- oder Gruppenarbeit eine gemeinsame Mindmap erarbeitet werden. Dadurch arbeiten alle in einer Gruppe mit und jeder Schüler kann sich mit Ideen, Lösungen und Ergebnissen einbringen.

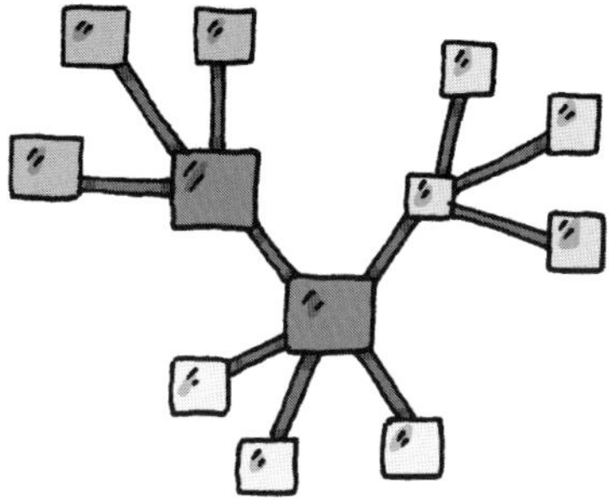

Ziel: Die Schüler erschließen sich einen Text inhaltlich.

Kompetenz: Die Schüler lesen und schreiben mit.

Zeit: 5–10 Minuten

Arbeitsform: EA

Beschreibung:
Der Lehrer muss für diese Methode jedes Wort eines Hörtextes im Vorfeld mitschreiben und mit dem geschriebenen Text ein Arbeitsblatt erstellen. Bestimmte Wörter werden ausgelassen, stattdessen wird eine Schreiblinie eingefügt. Dabei entscheidet der Lehrer selbst, wie viele Lücken es im Text geben soll.
Den Schülern wird der Hörtext vorgespielt. Sie lesen mit und müssen dann an den entsprechenden Stellen die ausgelassenen Wörter einsetzen.

Tipps:
- Die Schreiblinien sollten nicht zu kurz sein und mit etwas Platz zum gedruckten Text gesetzt werden.
- Der Lehrer kann diese Methode für eine leistungsstärkere Gruppe auch wie folgt abändern: Der Lerngruppe wird der ganze Hörtext vorgespielt und das Arbeitsblatt wird erst danach ausgeteilt. Die Wörter, die eingesetzt werden müssen, finden die Schüler in einer falschen Reihenfolge unter dem Lückentext, beispielsweise in einem Kasten. So wissen die Schüler zwar, welche Wörter eingesetzt werden müssen, das genaue Zuhören wird jedoch dennoch gefördert, weil sie den Text inhaltlich verstanden haben müssen, um die Wörter an den richtigen Stellen einzusetzen.
- Durch eine höhere Anzahl der Lücken und somit der einzusetzenden Wörter wird das Leistungsniveau erhöht.

2.15 Sprechblasen

Ziel: Die Schüler versetzen sich in eine andere Person hinein und nehmen begründet Stellung.

Kompetenz: Die Schüler lesen, schreiben und sprechen zu sowie mit anderen.

Zeit: 10 Minuten

Arbeitsform: EA, PA

Beschreibung:
Der Lehrer erstellt ein Arbeitsblatt, auf dem links und rechts im Wechsel Sprechblasen zu sehen sind. In der ersten Sprechblase steht eine Aussage aus einem Hörtext. Die Schüler nehmen dazu persönlich Stellung und schreiben ihre Stellungnahme in die zweite Sprechblase. Danach müssen sie sich in die Person aus dem Hörtext hineinversetzen und für diese in der dritten Sprechblase antworten. Dies führen sie so lange weiter, bis alle Sprechblasen auf dem Arbeitsblatt gefüllt sind.
Danach wird das Gespräch mit einem Partner in verteilten Rollen vorgelesen. Der Lehrer und die restliche Lerngruppe können anschließend Fragen stellen, warum die Schüler den Dialog so gewählt haben und welche Intention dahintersteckt.

Tipp:
Die Arbeitsblätter mit den Sprechblasen können auch im Klassenraum aufgehängt und in einem „Museumsrundgang" betrachtet werden. Danach sollte im Plenum besprochen werden, was positiv aufgefallen ist und wo eventuell eine Überarbeitung nötig ist.

2.16 Hörtext-Bild-Zuordnung

Ziel: Die Schüler ordnen einem Hörtext ein passendes Bild zu.

Kompetenz: Die Schüler hören verstehend zu und finden Text-Bild-Pärchen.

Zeit: 5–10 Minuten

Arbeitsform: EA

Beschreibung:
Der Lehrer muss zu jedem Sinnabschnitt eines Hörtextes ein passendes Bild finden oder malen. Diese Bilder werden in unterschiedlicher Reihenfolge auf ein Arbeitsblatt übertragen.
Nachdem die Schüler den Text gehört haben, müssen sie die Bilder mit Ziffern in der richtigen Reihenfolge beschriften.

Tipps:
- Je nach Lerngruppe müssen nicht alle Details in den Bildern vorkommen. Beispielsweise kann ein Symbol (ein Herz oder ein Blitz etc.) für einen Sinnabschnitt stehen.
- Um das Niveau zu steigern, können auch mehr Bilder als Sinnabschnitte vorkommen, damit die Schüler selektieren müssen.

2.17 Teilüberschriften finden

Ziel: Die Schüler üben das genaue Zuhören.

Kompetenz: Die Schüler schreiben passende Teilüberschriften auf und sprechen vor, mit sowie zu anderen.

Zeit: 10–15 Minuten

Arbeitsform: EA, Plenum

Beschreibung:
Beim Abspielen eines Hörtextes wird der Text nach jedem Sinnabschnitt gestoppt und die Schüler müssen sofort eine passende Teilüberschrift zum Sinnabschnitt aufschreiben. Danach sollten diese Überschriften im Plenum besprochen werden, um mögliche Verständnisfragen zu klären.

Tipp:
Bei einer schwächeren Lerngruppe kann der Lehrer auf einem Arbeitsblatt mögliche Teilüberschriften vorgeben, die die Schüler auswählen können. Je mehr Vorgaben zur Verfügung stehen, desto schwieriger ist es für die Lernenden, die passende Überschrift zu finden.

 **Ziel:** Die Schüler überprüfen Gehörtes.

 **Kompetenz:** Die Schüler schreiben passende Fragen zum Text auf.

 **Zeit:** 10–15 Minuten

 **Arbeitsform:** EA, GA

 **Beschreibung:**

Nach dem Vorspielen eines Hörtextes werden die Schüler in zwei Gruppen eingeteilt. Jeder Schüler überlegt sich Fragen zum Hörtext und schreibt diese mit der vollständigen Antwort auf einen Zettel oder auf eine Karteikarte. Wenn sich die Schüler innerhalb ihrer Gruppe über mögliche Fragen austauschen, ist es wichtig, dass die jeweils andere Gruppe nicht hört, welche Fragen für sie aufgeschrieben werden.

Nun erhält der Lehrer alle Fragen und liest sie abwechselnd der jeweils anderen Gruppe vor. Die Gruppe, die an der Reihe ist, muss die Frage mündlich beantworten. Wenn die Frage vollständig und richtig beantwortet wurde, erhält die Mannschaft zwei Punkte. Wenn bei der Antwort ein wichtiger Aspekt fehlt, bekommt die Mannschaft einen Punkt. Kein Punkt beziehungsweise ein Minuspunkt wird verteilt, wenn die Frage nicht beantwortet werden konnte.

Ziel: Die Schüler erarbeiten sich anhand von zwei verschiedenen Texten eigenständig ein Thema.

Kompetenz: Die Schüler hören verstehend zu und sprechen vor sowie mit anderen.

Zeit: 25–30 Minuten

Arbeitsform: EA, Plenum

Beschreibung:
Für diese Methode benötigt der Lehrer zwei verschiedene Hörtexte, die ein gemeinsames Thema behandeln. Die Schüler sollen beide Texte nach dem Vorspielen schriftlich und in Einzelarbeit miteinander vergleichen und erkennen, dass ein Thema auf ganz unterschiedliche Weise dargestellt werden kann. Anschließend sollte mit den Schülern über dieses Thema gesprochen werden.

Tipp:
Je nach Thema ist es sinnvoll, dass die Schüler ihre eigene Meinung dazu äußern und diese schriftlich festhalten. Auch über die Hörtexte im Einzelnen sollen sie sprechen und hierbei argumentierend darauf eingehen, welchen Text sie besser, verständlicher oder stärker im Ausdruck finden.

2.20 Reizwort

Ziel: Die Schüler finden ein zentrales Wort für einen Teil eines Hörtextes.

Kompetenz: Die Schüler schreiben ihre Ideen auf und sprechen darüber vor sowie mit anderen.

Zeit: 10 Minuten

Arbeitsform: EA, Plenum

Beschreibung:
Nach dem Hören eines Hörtextes überlegen sich die Schüler ein zentrales Wort, ein Reizwort, das zu dem gehörten Text passt, und formulieren dazu ihre Gedanken und Gefühle.
Diese Reizwörter werden nach der Bearbeitung vorgelesen und die Schüler tauschen sich im Plenum darüber aus. Dadurch werden neue Sichtweisen in Betracht gezogen und der Hörtext kann so auf verschiedenen Ebenen beleuchtet werden.

Tipp:
Sollte es sich um eine Klasse handeln, die ihre Bearbeitungen nicht gern vor der Klasse vorliest, kann dieser Arbeitsauftrag auch auf einem Zettel bearbeitet werden. Danach werden alle Zettel für einen „Museumsrundgang" aufgehängt und die Schüler erhalten Zeit, sich alles durchzulesen. Denkbar ist auch, dass die Lerngruppe mithilfe von Klebepunkten eine Rückmeldung zu den Wörtern gibt. Mögliche Fragestellungen hierzu, die der Lehrer anschließend aufgreifen kann, könnten lauten: Warum könnt ihr euch mit diesem Signalwort identifizieren? Oder: Warum gefällt euch diese Bearbeitung besonders gut?

2.21 Was wäre, wenn?

Ziel: Die Schüler setzen sich kreativ mit einem Text auseinander.

Ⓚ **Kompetenz:** Die Schüler schreiben ihre Ideen zum weiteren Verlauf eines Textes auf.

Zeit: 15–20 Minuten

Arbeitsform: EA, Plenum

Beschreibung:
Der Lehrer stoppt einen Hörtext an einer bestimmten Stelle und formuliert eine Frage, beispielsweise: „Was wäre, wenn die Person anders gehandelt hätte?" Denkbar sind natürlich viele verschiedene Fragen, die gemeinsam im Plenum besprochen werden. Danach sollen die Schüler eine dieser Möglichkeiten in einem eigenen Text aufschreiben.

Tipp:
Je nach Ausgangslage und Leistungsstärke der Klasse können die kreativsten Vorschläge gegebenenfalls im Plenum gesammelt und gemeinsam besprochen werden.

Ziel: Die Schüler werden zum Weiterdenken angeregt und schreiben einen Hörtext kreativ weiter.

Kompetenz: Die Schüler schreiben einen Hörtext um.

Zeit: 15 Minuten

Arbeitsform: EA

Beschreibung:
Nachdem den Schülern ein Hörtext einmal vorgespielt wurde, dürfen sie bei dieser Methode anschließend ihrer Kreativität freien Lauf lassen. Die Schüler sollen so tun, als seien sie selbst Teil des Hörtextes, indem sie als handelnde Figur auftreten. Dafür sollen sie aufschreiben, was durch ihre eigene Präsenz in der Geschichte anders verläuft, und sie können so den Text auch komplett umschreiben. Jeder Aspekt des Textes darf verändert werden, alles ist möglich. Dabei suchen sich die Lernenden selbst die Stelle aus, an der sie auftauchen. Für das bessere Verständnis ihrer Geschichte sollten sie zu Beginn kurz notieren, was im Hörtext bereits passiert ist.

Tipp:
Je nach Lerngruppe kann es sinnvoll sein, dass der Lehrer den Schülern vorgibt, an welcher Stelle sie „auftauchen" und was sie alles verändern können.

Ziel: Das Wissen der Schüler wird überprüft.

Kompetenz: Die Schüler lesen einzelne Wörter und streichen unpassende durch.

Zeit: je nach Länge und Einsatz des Arbeitsblattes

Arbeitsform: EA

Beschreibung:
Der Lehrer erstellt ein Arbeitsblatt, auf welchem szenen- oder abschnittsweise in jeweils einer Reihe je vier verschiedene Wörter stehen. Drei Wörter sollen zur jeweiligen Szene/zum jeweiligen Abschnitt passen, das vierte Wort ist erfunden und passt nicht zum Inhalt des Hörtextes beziehungsweise zur vorgespielten Szene/zum vorgespielten Abschnitt. Dieses nicht passende Wort müssen die Schüler wegstreichen.

Tipp:
Der Lehrer hat drei Möglichkeiten, dieses Arbeitsblatt zum Einsatz zu bringen, und so den Schwierigkeitsgrad für die Schüler zu variieren:

1. Möglichkeit: Die Schüler bearbeiten das Arbeitsblatt, während der Hörtext läuft, was für leistungsschwächere Schüler jedoch schwierig sein wird.

2. Möglichkeit: Der Lehrer stoppt an den passenden Stellen und lässt die Schüler das Arbeitsblatt abschnittsweise bearbeiten.

3. Möglichkeit: Erst nach dem Abspielen des gesamten Hörtextes wird das Arbeitsblatt bearbeitet.

2.24 Unterstreiche mit Musik!

Ziel: Die Schüler „untermalen“ den Hörtext kreativ mit Musik und erschließen sich dabei den Inhalt sowie die Gefühle der handelnden Personen.

Kompetenz: Die Schüler schreiben passend zu einem Hörtext ihre Ideen auf und sprechen vor sowie mit anderen.

Zeit: je nach Länge des Hörtextes, maximal 10 Minuten

Arbeitsform: EA, Plenum

Beschreibung:
Die meisten Schüler interessieren sich für Musik und kennen sich sehr gut mit den aktuellen Charts aus. Dieses Wissen sollen die Schüler nun anwenden, indem sie einen Hörtext musikalisch „untermalen“. Hierfür spielt der Lehrer ihnen den Hörtext zweimal vor. Die Schüler sollen dabei in Stichpunkten aufschreiben, an welcher Stelle sie welche Musik einspielen lassen würden. Anschließend werden die Ergebnisse in der Klasse besprochen.

Tipp:
Sollten die Schüler Probleme haben, passende Musikstücke zu finden, können sie auch verschiedene Geräusche (beispielsweise Regen, Vogelgezwitscher, …) aufschreiben.

Ziel: Die Schüler beschreiben eine bestimmte Person genau.

Kompetenz: Die Schüler verfassen eine Personenbeschreibung und beachten dabei die formalen Kriterien dieser Textsorte.

Zeit: 10–15 Minuten

Arbeitsform: EA

Beschreibung:
Nach dem Hören eines Hörtextes soll eine Person aus dem Text genau beschrieben werden. Diese kann entweder vom Lehrer festgelegt werden oder jeder Schüler darf sich eine Person aussuchen. Diese Person soll auf Grundlage des Hörtextes so genau wie möglich beschrieben werden.

Tipps:
- Die Schüler sollten darauf hingewiesen werden, dass eventuell auch andere Figuren aus dem Hörtext Informationen zu der Person geben können.
- Der Lehrer sollte im Vorfeld entscheiden, ob die Lerngruppe zunächst alle Informationen ungeordnet und stichpunktartig aufschreiben soll oder ob den Schülern ein Arbeitsblatt mit gezielten Merkmalen einer Personenbeschreibung ausgeteilt wird, welches vor allem den leistungsschwächeren Schülern helfen kann.

Ziel: Die Schüler markieren wichtige Wörter, die sie in einem Hörtext gehört haben, auf einem Arbeitsblatt.

Kompetenz: Die Schüler hören verstehend zu.

Zeit: 5–10 Minuten

Arbeitsform: EA, PA

Beschreibung:
Der Lehrer bereitet ein Arbeitsblatt vor, auf dem er senkrecht und waagrecht wichtige Wörter aus einem Hörtext in ein Gitternetz schreibt und die restlichen Stellen mit anderen Buchstaben füllt. Die Schüler sollen in diesem Gitternetz alle wichtigen Wörter aus dem Hörtext finden und markieren.
Bei der Besprechung der gefundenen Wörter kann der Lehrer das Wissen der Lernenden überprüfen, indem sie etwas zu dem Wort sagen und so die Informationen aus dem Hörtext wiederholen sollen.

Tipp:
Bei einer leistungsstärkeren Klasse sollten auch andere Wörter, die nicht im Hörtext vorkommen, in das Gitternetz geschrieben werden. Die Schwierigkeit besteht dann darin, dass die Schüler herausfiltern müssen, ob das Wort tatsächlich im Hörtext vorkommt oder nicht.

Ziel: Die Schüler versetzen sich in eine andere Person hinein.

Kompetenz: Die Schüler sprechen vor sowie mit anderen und hören verstehend zu.

Zeit: 15–20 Minuten

Arbeitsform: PA, Plenum

Beschreibung:
Nach dem Hören eines Textes finden sich die Schüler zu Paaren zusammen und legen die Rollenverteilung fest. Ein Schüler ist der Interviewer, der andere schlüpft in die Rolle einer Person aus dem Hörtext. Dazu schreibt der Interviewer Fragen auf, die dieser Person gestellt werden können. Der Partner muss diese Fragen so beantworten, wie es seine Rollenfigur tun würde. Die Antworten können stichpunktartig aufgeschrieben werden.
Der Lehrer entscheidet, ob auch Fragen gestellt werden können, deren Antworten die Schüler nicht aus dem Text kennen können und die einen Transfer in Bezug darauf erfordern, wie der Hörtext weitergehen könnte. Abschließend kann im Plenum über die verschiedenen Fragen und Antworten gesprochen beziehungsweise diskutiert werden.

Ziel: Die Schüler stellen Vermutungen zum weiteren Verlauf eines Hörtextes an.

Kompetenz: Die Schüler schreiben ihre Vermutungen auf.

Zeit: 10 Minuten

Arbeitsform: EA, PA, GA

Beschreibung:
Die Lerngruppe kennt bislang nur einen kleinen Ausschnitt eines Hörtextes und der Lehrer stoppt den Hörtext an einer bestimmten Stelle, beispielweise an einem entscheidenden, spannenden Punkt. Wenn die Schüler in Einzelarbeit arbeiten, soll nun jeder aufschreiben, was im weiteren Verlauf passieren könnte. Hierbei sollen sie all das, was ihnen einfällt, stichpunktartig beziehungsweise unsortiert notieren.
Der Lehrer kann der Lerngruppe alternativ einzelne Schlagworte, die im weiteren Verlauf des Hörtextes vorkommen, nennen. Die Schüler sprechen in Partner- oder Gruppenarbeit über diese Wörter und schreiben ihre Ergebnisse auf.

Ziel: Die Schüler setzen sich kreativ mit dem Inhalt eines Hörtextes auseinander.

Kompetenz: Die Schüler setzen den Inhalt eines Hörtextes zeichnerisch um.

Zeit: 15–20 Minuten

Arbeitsform: EA

Beschreibung:
Nachdem der Lerngruppe ein Hörtext vorgespielt wurde, sollen sich die Schüler kreativ mit dem Inhalt auseinandersetzen, indem sie beispielsweise von ihrer Lieblingsszene oder einer Schlüsselstelle einen Comic entwerfen. Natürlich kann der Lehrer auch einen bestimmten Abschnitt des Textes vorgeben, den die Lernenden darstellen sollen. Den Schülern sollte vorab mitgeteilt werden, dass die Figuren im Comic auch miteinander reden. Die Schüler müssen also auch Wörter oder Sätze in Sprechblasen schreiben, die inhaltlich zum Hörtext passen, aber natürlich nicht identisch mit diesem sein müssen.

Tipp:
Die Schüler können ihre Comics im Klassenraum ausstellen. Bei einem „Museumsrundgang" können diese reflektierend betrachtet und Stellungnahmen dazu abgegeben werden. Es sollte jedoch niemand gezwungen werden, seinen Comic zu präsentieren.

Ziel: Die Schüler wiederholen den Inhalt eines Hörtextes, indem sie sich Fragen mit „Wusstest du eigentlich …?“ stellen.

Kompetenz: Die Schüler sprechen vor sowie mit anderen und hören sich verstehend zu.

Zeit: 10–20 Minuten

Arbeitsform: PA, GA

Beschreibung:
Die Schüler stellen sich gegenseitig Fragen, die mit „Wusstest du eigentlich …?“ beginnen und deren Aussage richtig oder falsch sein kann. Die Schüler müssen nun angeben, ob der in der Frage formulierte Sachverhalt richtig oder falsch ist. Bei einer absichtlich falsch formulierten Frage muss der Lernende, der die Antwort gegeben hat, den Inhalt richtig darlegen. Anschließend ist dieser Schüler an der Reihe und stellt eine neue Frage mit „Wusstest du eigentlich …?“.

Tipps:
- Oftmals ist es leichter, wenn der Lehrer mit den Schülern eine Proberunde absolviert und er selbst die Fragen formuliert. Außerdem sollte bei einer leistungsschwächeren Lerngruppe mehr Zeit zur Verfügung stehen.
- Der Lehrer bittet jeden Schüler, mindestens fünf Fragen mit „Wusstest du eigentlich …?“ zu dem Hörtext aufzuschreiben und passende Antworten zu formulieren. Erst danach sollen sich die Lernenden zu Paaren oder Gruppen zusammenfinden und die Fragen wie oben beschrieben bearbeiten.

Ziel: Die Schüler überprüfen und korrigieren den Inhalt eines Hörtextes.

Kompetenz: Die Schüler lesen und verbessern schriftlich Fehler.

Zeit: je nach Länge und Umfang des Arbeitsblattes

Arbeitsform: EA, PA, GA

Beschreibung:
Der Lehrer teilt den Schülern ein Arbeitsblatt aus, auf welchem verschiedene Sätze stehen, die den Inhalt eines Hörtextes entweder richtig oder falsch wiedergeben. Hierbei kann der Lehrer selbst entscheiden, wie schwer er diese Aufgabe gestalten möchte. Möglich wären beispielsweise zunächst nur einzelne fehlerhafte Wörter in den ausgewählten Sätzen. Für eine leistungsstärkere Lerngruppe können versteckt kleine inhaltliche Fehler beziehungsweise fehlerhafte Details aus dem Hörtext in den Sätzen vorkommen. Anschließend sollen die Schüler die fehlerhaften Stellen korrigieren, indem sie die Sätze richtig aufschreiben, eventuell auch als Hausaufgabe.

Ziel: Die Schüler fokussieren sich auf ein wichtiges, zentrales Schlagwort.

Kompetenz: Die Schüler hören verstehend zu.

Zeit: 5–10 Minuten

Arbeitsform: EA, Plenum

Beschreibung:
Der Lehrer sucht sich ein Wort aus einem Hörtext aus und die Schüler müssen beim Zuhören mitzählen, wie oft dieses Wort im Hörtext vorkommt. Bei dem vorgegebenen Wort sollte es sich um ein Reizwort aus dem Hörtext handeln. Nach dem Zählen sollte besprochen werden, warum sich der Lehrer für dieses bestimmte Wort entschieden hat.
Diese Aufgabe fordert besonders viel Konzentration und genaues Zuhören.

Tipp:
Zur besseren Übersicht bietet sich die Erstellung einer Strichliste an.

Ziel: Die Schüler erschließen sich den Inhalt eines Hörtextes.

Kompetenz: Die Schüler schreiben Pärchen auf, nachdem sie verstehend zugehört haben.

Zeit: 10–15 Minuten

Arbeitsform: EA

Beschreibung:
Nach dem Vorspielen eines Hörtextes sollen die Schüler aufschreiben, welche Gegensätze und Gemeinsamkeiten sie im Hörtext wahrgenommen haben. Dazu bietet es sich an, dass die Lernenden eine Tabelle anfertigen, in der sie die gefundenen Pärchen eintragen, beispielsweise: lieb – böse, arm – reich, dünn – dürr, schlau – clever. Allerdings soll es hier nicht nur um Adjektive gehen, sondern auch um Personen, die entweder zusammengehören oder komplett unterschiedlich sind, um Motive oder Signalwörter. Hierauf sollte der Lehrer vorab hinweisen.

Tipp:
Je nach Hörtext erhält man durch diese Methode bereits eine Übersicht wichtiger Personen, Motive sowie Inhalte und der erste Schritt zu einer Analyse oder Interpretation wird angebahnt.

Ziel: Die Schüler stellen den Inhalt eines Hörtextes bildlich dar.

Kompetenz: Die Schüler malen, schreiben und sprechen vor sowie mit anderen.

Zeit: 10 Minuten

Arbeitsform: EA, Plenum

Beschreibung:
Nachdem den Schülern ein Abschnitt eines Hörtextes vorgespielt wurde, sollen sie diesen bildlich, vereinfacht anhand von Skizzen und Symbolen, darstellen. Da hierbei kein „schönes" Malen verlangt wird, kann jeder Schüler auf seine eigene Weise kreativ werden.
Der Lehrer sollte im Vorfeld erklären, dass beispielsweise ein Herz für Liebe, aber auch für Freundschaft und Harmonie stehen kann. Nach der Bearbeitung sollten ausgewählte „Malermeister" im Plenum erklären, warum sie den Textinhalt zeichnerisch so dargestellt haben.

Tipp:
Je nach Lerngruppe können zunächst gemeinsam verschiedene Symbole gesammelt werden. Anschließend kann über ihre mögliche Bedeutung gesprochen werden.

3.11 Bingo®

Ziel: Die Schüler rufen ihr Vorwissen ab, indem sie ein Raster mit passenden Wörtern ausfüllen.

Kompetenz: Die Schüler hören verstehend zu und schreiben.

Zeit: 10 Minuten

Arbeitsform: EA, Plenum

Beschreibung:
Nach dem Hören eines Hörtextes sollen die Schüler verwendete Wörter (beispielsweise Reizwörter, Nomen, Namen, ...) in ein (vorgegebenes) Raster eintragen, wobei jeweils ein Wort in ein Kästchen geschrieben wird. Der Lehrer liest der Klasse anschließend Wörter, die er sich aus dem Hörtext notiert hat, vor. Wenn die Schüler ebenfalls eines dieser Wörter aufgeschrieben haben, markieren sie dieses in ihrem Raster. Wer eine waagerechte, senkrechte oder diagonale Linie in seinem Raster markiert hat, ruft „Bingo!".

Tipps:
- Üblicherweise spielt man auf einem Raster mit fünf Reihen und fünf Spalten. Anfangs kann man aber auch mit einem Raster mit drei beziehungsweise vier Reihen und Spalten beginnen.
- Als Hausaufgabe sollen Sätze zu den Wörtern geschrieben werden.

Leon	Blitz	Fußball
Tim	Mathearbeit	Spickzettel
Mia	Trainer Maier	Freunde

Ziel: Die Schüler wiederholen den Inhalt eines Textes.

Kompetenz: Die Schüler hören sich verstehend zu und sprechen miteinander.

Zeit: 10–15 Minuten

Arbeitsform: GA, Plenum

Beschreibung:
Nach dem Hören eines Hörtextes spielen die Schüler ein Spiel à la „Ich packe meinen Koffer …". Allerdings heißt diese Methode bezogen auf den Hörtext „Ich hörte etwas, und es ist …". Die Schüler beginnen jeden Satz mit diesen Worten und müssen all das wiederholen, was zuvor genannt wurde, sowie am Ende einen weiteren Begriff aus dem Hörtext ergänzen.

Tipps:
- Die Methode kann zunächst in kleinen Gruppen geübt und danach im Plenum gespielt werden. In kleineren Gruppen sind die Schüler öfter an der Reihe und können sich so mit dieser Methode vertraut machen, bevor es in die große Gruppe geht.
- Um diese Methode schwieriger zu gestalten, kann aus dem Begriff auch ein ganzer Satz werden. Das heißt, dass jeder Schüler nicht nur ein passendes Wort aus dem Text sagen und die anderen zuvor genannten wiederholen muss, sondern dass ein kompletter Satz formuliert werden soll. Auch die Sätze, die zuvor gesagt wurden, müssen wiederholt werden. Hierbei kann der Lehrer aber im Vorfeld ankündigen, dass nicht jedes Wort exakt richtig sein muss, wenn der Inhalt übereinstimmt.

Ziel: Die Schüler befassen sich eigenständig mit einer Person aus einem Hörtext und bündeln alle wichtigen Informationen, die sie zum Verfassen einer Charakterisierung für diese Person benötigen.

Kompetenz: Die Schüler verfassen eine Charakterisierung und beachten dabei die formalen Kriterien dieser Textsorte.

Zeit: 15–20 Minuten

Arbeitsform: EA

Beschreibung:
Die Schüler sollen sich intensiv mit einer ausgewählten beziehungsweise vorgegebenen Person aus einem Hörtext beschäftigen. Dafür sollen sie bereits während des Hörens Stichpunkte mitschreiben. Im Anschluss daran sollen die wichtigsten Stichpunkte und Informationen gebündelt werden. Nach Fertigstellung dieser Zusammenstellung sollen die Lernenden eine zusammenhängende Charakterisierung verfassen.

Tipps:
- Je nach Hörtext müssen die Lernenden sehr viel mitschreiben. Daher sollte der Text mehrmals gehört oder an entsprechenden Stellen gestoppt werden.
- Es bietet sich an, dass der Lehrer vorher eine Gliederung für die Charakterisierung an die Tafel schreibt, damit die Schüler wissen, worauf sie achten sollen.

Ziel: Die Schüler arbeiten den Inhalt eines Textes auf.

Kompetenz: Die Schüler schreiben eine Interpretation nach formalen Vorgaben.

Zeit: 20–25 Minuten

Arbeitsform: EA

Beschreibung:
Nach dem Hören eines Hörtextes sollen die Schüler eine Interpretation zum gehörten Text schreiben. Wichtig ist, dass die Lerngruppe den Aufbau und die Merkmale einer Interpretation kennt.

Tipp:
Je nach Länge des Hörtextes kann der Lehrer entscheiden, ob die Lernenden eine bestimmte Stelle des Hörtextes oder ein übergeordnetes Thema interpretieren sollen.

4.3 Analyse

Ziel: Die Schüler analysieren den Inhalt eines Hörtextes oder das Verhalten einer Person.

Kompetenz: Die Schüler schreiben eine Analyse nach formalen Vorgaben.

Zeit: 35–45 Minuten

Arbeitsform: EA

Beschreibung:
Nach dem mehrmaligen Vorspielen eines Hörtextes sollen die Schüler den Inhalt des Textes analysieren. Da eine Analyse insgesamt sehr komplex ist, bietet es sich an, dass der Lehrer ein Arbeitsblatt erstellt, welches die Schüler zunächst in Stichpunkten ausfüllen sollen: Thema, Ort der Handlung, Figuren, Erzählperspektive, Sprache, rhetorische Mittel.

Tipps:
- Für diese Methode sollte ein nicht allzu langer Text verwendet werden.
- Die Schüler können beispielsweise auch das Verhalten einer Person analysieren.
- Diese Methode sollte erst nach mehrmaligem Üben einer Textanalyse eingesetzt werden, da durch das Vorspielen, also durch das inhaltliche Verstehen über das Gehör, das Schreiben einer Analyse, ohne einen Text vor sich zu haben und etwas unterstreichen zu können, sehr viel schwieriger ist.

Ziel: Die Schüler setzen sich inhaltlich mit verschiedenen Argumente zu einer Aussage aus einem Text auseinander.

Kompetenz: Die Schüler schreiben eine Erörterung nach formalen Vorgaben.

Zeit: 25–30 Minuten

Arbeitsform: EA

Beschreibung:
Nach dem Vorspielen eines Hörtextes sollen die Schüler zu einem bestimmten Thema eine Erörterung verfassen. Hierfür müssen der Lerngruppe die Kriterien zum Schreiben einer Erörterung bekannt sein.
Je nach Lerngruppe können zunächst stichpunktartig verschiedene Argumente in einer Tabelle gesammelt und besprochen werden. Möglich ist es auch, dass in dem Hörtext bereits Punkte für sowie gegen ein bestimmtes Thema angesprochen werden, die die Schüler in ihrer Tabelle aufführen dürfen. Anschließend verfasst jeder Lernende eine eigene Erörterung.
Beim späteren Vorlesen der Erörterungen sollte darauf geachtet werden, ob inhaltlich alles richtig formuliert wurde und ob die Merkmale für eine Erörterung eingehalten wurden. Die Lerngruppe sollte dem Vortragenden danach eine kriterienorientierte Rückmeldung geben.

Ziel: Die Schüler befassen sich eigenständig mit einer Person aus einem Hörtext.

Kompetenz: Die Schüler schreiben nach formalen Vorgaben eine WhatsApp®-Nachricht.

Zeit: 10–20 Minuten

Arbeitsform: EA

Beschreibung:
Heutzutage kennt fast jeder Schüler den Instant-Messaging-Dienst WhatsApp®. Mit dieser App kann man sich schnell und auf modernem Weg austauschen. Jeder Schüler sucht sich eine Person aus einem Hörtext aus und verfasst an diese eine WhatsApp®-Nachricht. Dabei kann der Lehrer entscheiden, ob Fragen (warum die Person beispielsweise so gehandelt hat) im Vordergrund stehen sollen oder eine Reflexion über die Person und ihr Handeln vorgenommen werden soll. Daher ist es auch möglich, dass der Lehrer vorgibt, ob die ausgewählte Person antwortet oder nicht.
Abkürzungen, Umgangssprache sowie das Benutzen von Smileys sollten bei dieser Methode erlaubt sein.

Tipps:
- Möglich ist es, dass jeder Schüler seine WhatsApp®-Nachricht auf einen gesonderten Zettel schreibt und dieser dann in der Klasse aufgehängt wird. So kann in einem „Museumsrundgang" über die verschiedenen WhatsApp®-Nachrichten gesprochen und diskutiert werden.
- Als Hausaufgaben sollen die Schüler ihre WhatsApp®-Nachricht in einen normalen Text umwandeln, also ohne Smileys, Abkürzungen und mit der richtigen Grammatik. Diese beiden Textformen können in der nächsten Stunde miteinander besprochen und verglichen werden.

Ziel: Die Schüler sammeln wichtige Informationen zu einem Hörtext.

Kompetenz: Die Schüler schreiben inhaltlich passende Fragen zu einem Text auf und sprechen vor sowie mit anderen.

Zeit: 10–15 Minuten

Arbeitsform: EA, Plenum

Beschreibung:
Nachdem die Lerngruppe einen Hörtext oder einen Abschnitt daraus gehört hat, sollen sie zu allen W-Fragen Antworten formulieren und diese aufschreiben. Dabei ist es wichtig, dass die Lerngruppe auf eine ausführliche Beantwortung hingewiesen wird.
Anschließend können die W-Fragen mit ihren Antworten in der Klasse laut vorgelesen und diskutiert werden.

Ziel: Die Schüler rufen ihr Vorwissen ab und versetzen sich in eine andere Person.

Kompetenz: Die Schüler sprechen vor, zu sowie mit anderen.

Zeit: 10–20 Minuten

Arbeitsform: EA, Plenum

Beschreibung:
Die Schüler hören zunächst einen Hörtext und machen sich stichpunktartige Notizen zu den einzelnen Personen, die im Text vorkommen. Anschließend formulieren sie mithilfe ihrer Notizen Fragen, die sie einer oder mehreren Personen aus dem Text stellen möchten.
Nun werden drei bis fünf Freiwillige (je nach Größe der Lerngruppe) ausgewählt, die in die Rolle einer Figur aus dem Hörtext schlüpfen möchten. Diese Schüler kommen nach vorne und stellen oder setzen sich vor ihre Klassenkameraden hin. Die restlichen Schüler befragen nun ihre Mitschüler. Nach jeder Antwort wird im Plenum entschieden, ob die Frage richtig beantwortet wurde. Sollten wichtige Details vergessen worden sein, sollte dies angesprochen und ergänzt werden.

Tipps:
- Es sollten nicht mehr als fünf Personen interviewt werden und alle Schüler, die in eine Rolle schlüpfen, sollten ein Namensschild tragen.
- Sollte es in der Lerngruppe schwierig sein, diese Methode durchzuführen, können die Schüler die Interviews zuerst in Partnerarbeit durchführen. Dadurch gewöhnen sich die Schüler daran, mündlich Fragen zu stellen und so zu beantworten, wie es ihre Figur aus dem Hörtext tun würde.

Ziel: Die Schüler stellen den Inhalt eines Hörtextes als Bildergeschichte dar.

Kompetenz: Die Schüler malen eine Bildergeschichte.

Zeit: 20 Minuten

Arbeitsform: EA, Plenum

Beschreibung:
Nachdem die Schüler einen Hörtext zu Ende gehört haben, sollen sie eine Bildergeschichte zum Hörtext entwerfen. Je nach Länge des Textes kann der komplette Inhalt verkürzt auf den Bildern dargestellt werden oder der Lehrer gibt eine bestimmte Szene vor, beispielsweise die Lieblingsszene, den Wendepunkt oder eine Szene, die den Schülern nicht gefallen hat. Die Schüler müssen sehr aussagekräftige Bilder malen, denn Wörter und Sätze sind hierbei verboten.
Nach der Fertigstellung können die Schüler ihre Kunstwerke in der Klasse präsentieren und verbalisieren, warum sie gerade diese Darstellung gewählt haben. Es sollte jedoch niemand gezwungen werden, seine Bildergeschichte vorzustellen.

4.9 Standbild bauen

Ziel: Die Schüler erleben einen Perspektivwechsel und identifizieren sich mit bestimmten Figuren aus einem Hörtext.

Kompetenz: Die Schüler sprechen vor, zu sowie mit anderen und bauen ein Standbild.

Zeit: 15–20 Minuten

Arbeitsform: GA, Plenum

Beschreibung:
Die Schüler sollen sich mit den Figuren aus einem Hörtext beschäftigen, indem sie in Gruppenarbeit einen vorgegebenen oder einen selbst ausgewählten Abschnitt des Textes in einem Standbild darstellen. Dazu muss die Gruppe sich über die Personenkonstellation im Text beraten und die Themen Mimik, Gestik und Körperhaltung besprechen.
Für die Darstellung vor der Klasse sollen die Gruppen ihr Standbild jeweils für ca. 15 Sekunden „einfrieren" lassen, sodass sich alle beteiligten Schüler Gedanken machen können, wie sie sich in ihrer Position und in ihrer Rolle fühlen. Die restlichen Schüler betrachten das Standbild und notieren, was ihnen auffällt. Danach sollte im Plenum über das Standbild gesprochen werden und Gedanken und Gefühle sollten ausgetauscht werden.

Tipp:
Je nach Hörtext können auch verschiedene Requisiten zum Einsatz kommen.

Ziel: Die Schüler erschließen sich inhaltlich einen vollständigen Text.

Kompetenz: Die Schüler hören verstehend zu und ergänzen einen Lückentext.

Zeit: 5–10 Minuten

Arbeitsform: EA

Beschreibung:
Der Lehrer muss einen Hörtext im Vorfeld auf ein Arbeitsblatt schreiben, um anschließend bestimmte Sätze zu löschen. Die gelöschten Sätze ersetzt er durch Schreiblinien für die Schüler.
Der Lerngruppe wird nun der Hörtext vorgespielt. Die Schüler müssen den Text auf ihrem Arbeitsblatt mitlesen und alle Sätze, die fehlen, aufschreiben.

Tipp:
Je nach Lerngruppe können einfache und kurze oder lange und komplexe Sätze gelöscht werden.

Ziel: Die Schüler vergleichen einen Hörtext mit einem Bild.

Kompetenz: Die Schüler hören verstehend zu, sie ordnen zu und sprechen mit sowie vor anderen. Sie schreiben wichtige Informationen auf.

Zeit: 10–15 Minuten

Arbeitsform: EA, Plenum

Beschreibung:
Für diese Methode muss der Lehrer einen Hörtext gut kennen und im Vorfeld ein Arbeitsblatt anfertigen, auf dem auf der linken Seite des Blattes die Abschnitte des Textes fortlaufend nummeriert aufgeführt sind. Auf der rechten Seite finden die Schüler entsprechende Bilder in der falschen Reihenfolge. Diese Bilder können selbst gemalt, aus einer Zeitschrift ausgeschnitten oder sehr reduziert nur mit Symbolen und Strichmännchen dargestellt sein. Die Schüler sollen den Abschnitten die richtigen Bilder zuordnen.
Bei der Besprechung im Plenum sollen die Schüler begründet Stellung nehmen, warum sie sich für das jeweilige „Abschnitt-Bild-Pärchen" entschieden haben.

Tipp:
Der Lehrer kann absichtlich wichtige Elemente auf den Bildern weglassen, die die Schüler zeichnerisch oder schriftlich ergänzen sollen.

Ziel: Die Schüler übersetzen die Aussagen von Figuren aus einem Hörtext in Mimik und Gestik.

Kompetenz: Die Schüler hören verstehend zu und schreiben Regieanweisungen.

Zeit: 10–15 Minuten

Arbeitsform: EA, Plenum

Beschreibung:
Während den Schülern ein ihnen bereits gut bekannter Hörtext vorgespielt wird, machen sich die Schüler Notizen, denn sie sollen als unsichtbarer Beobachter an der Geschichte teilnehmen. Ihre Aufgabe besteht darin aufzuschreiben, was dem Hörer nicht erzählt wird, also dass beispielsweise eine Figur nervös mit ihren Fingern spielt oder dass eine andere Figur gehässig grinst.
Die Schüler schlüpfen hierbei nicht nur in die Rolle eines unsichtbaren Beobachters, sondern geben durch ihre Mitschriften nonverbale Regieanweisungen, ähnlich wie in einem Theaterstück. Dadurch versetzen sich die Schüler noch stärker in die Situation der unterschiedlichen Figuren aus dem Hörtext hinein und können so mögliche Gedanken und Gefühle der Figuren zum Ausdruck bringen.
Anschließend wird im Plenum besprochen, welche Regieanweisungen sich die Schüler überlegt haben, ob diese den anderen Schülern passend erscheinen und wenn nicht, warum dies nicht der Fall ist.

4.13 Die neue Figur

Ziel: Die Schüler schreiben einen Hörtext weiter.

Kompetenz: Die Schüler hören verstehend zu und schreiben einen Hörtext um beziehungsweise weiter.

Zeit: 20–25 Minuten

Arbeitsform: EA

Beschreibung:
Ein Hörtext wird an einer bestimmten Stelle gestoppt, an der die Schüler selbst weiterschreiben sollen. Hierfür sollen sie eine zusätzliche und völlig neue Figur in ihrem Text ergänzen und entscheiden, wie diese mit den anderen Personen agiert, was passiert und wie sich der Verlauf der Geschichte womöglich verändert. Der Fantasie sollen hierbei keine Grenzen gesetzt sein.
Sollten die Schüler mit einer vorherigen Szene aus dem Hörtext nicht einverstanden sein und diesen gern umändern wollen, können sie dies mit der neuen Figur tun.

Tipps:
- Der Lehrer sollte die Schüler darauf hinweisen, dass sie die Geschichte im gleichen Stil weiterschreiben sollen, wenn also beispielsweise viel wörtliche Rede vorkommt, sollten die Schüler auch in ihren Texten wörtliche Rede verwenden.
- Leistungsschwächere Lerngruppen können im Vorfeld gemeinsame Ideen sammeln, wie die neue Figur auftreten und das Verhalten anderer Figuren beziehungsweise ganze Szenen gegebenenfalls verändern kann.

4.14 Ich hörte etwas, was du nicht hörtest

Ziel: Die Schüler üben das genaue Zuhören und rufen ihr Vorwissen ab.

Kompetenz: Die Schüler sprechen vor, zu sowie mit anderen und hören verstehend zu.

Zeit: 10 Minuten

Arbeitsform: PA

Beschreibung:
Die Schüler finden sich in Paaren zusammen. Ein Partner formuliert einen Satz mit „Ich hörte etwas, was du nicht hörtest, und das war …". Am Ende des Satzes soll er einen Teil des Inhalts eines Hörtextes wiedergeben beziehungsweise hierbei absichtlich Fehler einbauen, sodass der Partner genau hinhören und sein Vorwissen zum Hörtext abrufen muss. Letzterer muss entscheiden, ob er den Satz beziehungsweise den Inhalt des Hörtextes wirklich gehört oder sich sein Partner nur etwas ausgedacht hat. Anschließend wird gewechselt.

Tipp:
Der Lehrer kann dieses Spiel zunächst mit der Klasse gemeinsam spielen, indem er den Satz „Ich hörte etwas, was du nicht hörtest, und das war …" vollendet. Hierbei wird die Lerngruppe aufgefordert, ihr Vorwissen abzurufen, und mögliche Fragen werden geklärt.

Ziel: Die Schüler prägen sich den Inhalt eines Hörtextes ein und erzählen ihn nach.

Kompetenz: Die Schüler hören verstehend zu und sprechen vor, mit sowie zu anderen.

Zeit: 15–20 Minuten

Arbeitsform: PA

Beschreibung:
Die Schüler arbeiten in Partnerarbeit zusammen. Ein Partner darf den Hörtext nicht hören, der andere hört sich den Hörtext an und erzählt seinem Partner anschließend, woran er sich erinnern kann.
Im Anschluss daran stellt der Lehrer Fragen, die entweder mündlich von allen Schülern, die den Hörtext nicht gehört haben, beantwortet werden oder die er von allen Schülern schriftlich beantworten lässt. Bei der schriftlichen Bearbeitung kann sich der Lehrer einen Gesamteindruck darüber verschaffen, wie gut die Schüler den Hörtext verstanden haben beziehungsweise wie gut der Inhalt des Hörtextes weitergegeben wurde.

Tipps:
- Es ist auch möglich, dass die Schüler, denen der Inhalt des Textes erzählt wurde, die Fragen schriftlich beantworten, und ihr Partner die Antworten bewertet oder überarbeitet. Dadurch wird ersichtlich, wie gut zugehört und wie genau berichtet wurde.
- Es muss darauf geachtet werden, dass ein Teil der Lerngruppe den Hörtext nicht hört. Daher kann eventuell auf Kopfhörer und Handys zurückgegriffen werden.

4.16 Fehlermeister

Ziel: Die Schüler sollen falsche Wörter in einem Satz entdecken und diesen richtig aufschreiben.

Kompetenz: Die Schüler schreiben ein Diktat und korrigieren fehlerhafte Wörter.

Zeit: je nach Diktatlänge

Arbeitsform: EA

Beschreibung:
Der Lehrer verfasst passend zu einem Hörtext ein Diktat und baut in die Sätze verschiedene fehlerhafte Wörter ein. Während des Diktierens schreiben die Schüler zunächst alles genau so auf, wie der Lehrer es ihnen vorgibt. Anschließend sollen die Lernenden die Fehler im Diktattext finden, diese durchstreichen und das richtige Wort über das falsche schreiben.

Tipps:
- Die Fehler sollten hierbei nicht aus mehreren Wörtern bestehen und nicht direkt auffallen. Je nach Leistungsstärke der Klasse kann der Lehrer entscheiden, wie viele falsche Wörter vorkommen und wie offensichtlich die Fehler sind.
- Zur Besprechung eignet sich eine Folie für den Overheadprojektor mit dem ganzen Diktattext und allen Fehlern, die gemeinsam korrigiert werden. Möglich ist natürlich auch das gemeinsame Besprechen am Whiteboard.